ブックレット 近代文化研究叢書 4

昭和30年代の生活世界
― 生活マンガの視点から ―

西 脇 和 彦

1　生活文化にみる近代化の視点

　社会学でも「近代化」は重要な概念である。古くは，中世から近代への移行を意味したが，現在ではわが国の場合，高度成長に起因する産業化・都市化・電化など，高度消費社会を説明する際の包括概念と考えられている。「現代化」に近似した概念といえるだろう。本稿ではこのスタート地点であった昭和30年代の庶民の社会生活を，当時のそれを扱った生活マンガを通して整理し，「近代化」「現代化」を検討しようとしたものである。

　こうした時代を，W.W. Rostow は *The Stages of Economic Growth*（邦訳『経済成長の諸段階』木村・久保・村上訳，ダイヤモンド社，昭和49年）において「高度大衆消費時代」と位置づけ，また T. Hine は「Populuxe」（ポピュラックス）（popular + luxury の造語）と名付けたが，簡単に言えば，現代生活の幕開けということで，昭和30年代はその嚆矢と位置づけることができる。Rostow は「戦後第三次産業がいちじるしく伸びたことや耐久消費財およびサービスが新しい規模をもって農民にいたるまでも普及したという事実は，適当な制限をつければ，日本人もまた大衆消費水準の拡張に大きな基礎をおくところの…典型的成長の波を経験しつつあることを示しているのである」（訳書，p.118）と述べている。また，ポピュラックスとはこの時代の精神（ムード）を総称した表現で，根底に楽観主義がある。絶えざる向上心や勤勉性がエートスとして不可欠であったものの，実際に生活水準の向上による大衆の幸福の実現がみられた。「明日を信じる」ことが誰にとっても可能であった。そのようなトーンは，30年代の『国民生活白書』や当時のCMにも共通してみることができる。

　『国民生活白書』では，衣食に比べて住が遅れていることや都市に比べて農村が遅れていることなど，いわゆる二重構造にも触れているが，所得の増加に伴って個人消費が年ごとに伸張していることや生活の合理化が順調に進展していることが毎年のように解説されている。

　またしばしばCMにはその時代のトレンドが反映しているといわれるが，筆者は当時のM電器，Y発動機，HホテルのCMをこの時代を代表する3事例とみている。それぞれのCMソングにある「明るい…，みんな家中電気で動く，ラジオ・テレビなんでも…」「農家の機械，漁船のエンジン，ディーゼル発電，ディーゼルポンプ，建設工事，小さなものから大きなものまで動かす力…」

「伊東に行くなら…電話はよい風呂」といった歌詞，これらは何とこの時代を彷彿させるCMソングであろうか。基幹産業の第二次産業が牽引車となり第一次産業をより機械化し，サービスの第三次産業を誘導した。M電器の新聞広告にも「電化による生活文化の向上へ」（毎日新聞，昭和32年12月8日）とあった。

このように，生活者の身近にある当時の生活世界を描いた資料から生活マンガを素材にし，関連する新聞記事（以後断りのない限り毎日新聞で年号は昭和）も援用してリアリティを再構成したい。豊かさに向けて走り出した庶民の生活文化をメインに据えた具体的な昭和30年代史を企図したい。アメリカに THE FIFTIES（David Halberstam, 1993, 邦題『ザ・フィフティーズ』金子訳，新潮社，1997）があるように，日本にも「昭和30年代（ザ・サーティーズ）」が存在したのである。

2　『三丁目の夕日』（西岸 良平（さいがんりょうへい））の生活世界

このシリーズ（My First BIG, 小学館，初出はビッグコミックオリジナル）は，昭和30年代の街並みを背景にごく普通の人々の生活を描いたものであるが，ゆったりとした時の流れのなかにも少しずつ変貌していく生活世界が見事にマンガとして結実している。ここでは先ず，このシリーズのテーマとそのキャッチフレーズ・時代精神（エートス）を表1にまとめ，次いで作品に登場する人・モノ・出来事などをジャンル毎に整理した。それらのなかには時代のキーワードとして，当時の新聞記事にも登場するものがある。そのいくつかを併せて紹介する。

表1をみると昭和30年代が美化され過ぎたきらいがあるが，四季の移り変わりも明確で，自然環境や社会環境と人間が直接的かつ全面的交流をもつことができ，家族にもさまざまな機能が残存していた時代といえる。一次的諸関係が自明で，親をはじめ近隣の大人たちの仕事が子どもたちに身近に見え，彼らは労働を具体的に理解することができた。時にするお手伝いやおつかいは一種の職場体験であったし，「親の背中」が実質的に機能していたといえる。職業訓練を含む広義の「しつけ」と学習や教育の「社会化」機能が矛盾なく家族のなかに存在していた。その他に，福祉機能・娯楽機能・宗教機能もまだ家族のなかに残存していたのである。これら複合機能が外部化し，家族のなかで見られなくなるのは次の時代以降である。また，近隣や町内といった地域社会も都市であれ農村であれ，コミュニティとして機能していた最後の時代である。

表1　『三丁目の夕日』のテーマとそのキャッチフレーズ・時代精神（エートス）

お　祭　り	色々な夏の行事があって楽しかった30年代！！
精 霊 流 し	夏を先祖と一緒に迎えた昭和30年代！！
二　学　期	現代の日本人が失いつつある多くの美徳が残っていた時代。
三丁目動物記	身の周りに小さな生き物がたくさんいた昭和30年代！！
夕　焼　け	東京にも広い空があった昭和30年代！！
マイホーム	狭いながらも温かい家庭があった昭和30年代！！
木枯らし	ほのかに光る裸電球が眩しかった昭和30年代！！
歳末大売出し	大忙しの師走の後に静かな正月があった昭和30年代！！
年 末 年 始	子供も正装して迎えた昭和30年代のお正月！！
空想科学物語	光り輝く未来があった希望溢れる昭和30年代！！
三丁目探偵団	子供も大人も元気いっぱい！！夢と希望の30年代！！
入　学　式	希望に満ちていた夢の昭和30年代！！
行 楽 日 和	毎日が光り輝いていた30年代の日本へ！！
背くらべ	淡い記憶と強い郷愁が混在している昭和30年代！！
五 月 晴 れ	広い空が広がっていた麗しき30年代！！
犬の思い出	犬も自由に町を走り回れた30年代！！
家 族 旅 行	温かく心優しき時代
鰯　　雲	長い間，忘れていた優しさを思い出す！！
お　月　見	貧しくとも心豊かな，昭和30年代！！
運　動　会	懐かしき昭和30年代，そこは心の故郷の時代！！
冬　支　度	人も町も温かかった昭和30年代の物語！！
福　は　内	ささやかな幸福があれば満足だった，昭和30年代
春　一　番	戦後日本の青春期だった懐かしき昭和30年代！！
卒　業　式	我が師の恩をしみじみと感じた昭和30年代！！
サクラ	思いやりと優しさに満ちていた昭和30年代！！
クラス替え	懐かしくも温かな昭和30年代の記憶！！
切 手 集 め	生活よりも心のゆとりが大切にされた昭和30年代！！
猫 の 記 憶	猫もノンビリしていた懐かしの昭和30年代！！
シャボン玉	懐かしい人々が住む思い出の昭和30年代！！
走　馬　燈	懐かしい人々が住む，昭和30年代の日本へ！！
昔　の　味	コンビニもファミレスもなかった昭和30年代！！
霜　　柱	霜柱を踏みしめて通学した昭和30年代
桃　の　花	昭和30年代－日々の生活の中に，ささやかな喜びがあった時代。

平成17年2月末現在

『三丁目の夕日』の生活風景を，家族，近隣町内，社会に大別し，さらに表2のように小分類した。以下ではそれにしたがってコメントをしていく。

※以下文中および表タイトルに付せられたアルファベット"s"は，『三丁目の夕日』を表している。

表2 『三丁目の夕日』の生活風景の分類（s）

家族	衣生活
	食生活
	住生活
	コミュニケーション・人間関係・俚諺
	保健・医療・衛生
	家庭電化製品
	しつけ・お手伝い・おつかい
	冠婚葬祭・年中行事・イベント
近隣町内	コミュニケーション・おつきあい
	子どものあそび
	小・中学校
社会	交通・運輸
	放送・メディア・流行語

s＜衣生活＞

大人服も子ども服も手作りが多く残っていた。35年から38年にかけての毎日新聞の家庭欄にも「自分で作る」というコーナーがあり，その作り方が載っている。チョッキ，ブラウス，スラックス，ワンピース，女児ジャケット，オーバーオール，ツーピース，ジャケット，タックスカート，女児ワンピース，エプロン，幼児のオーバーオールなど。また，「毎日夫人」というコーナーでも，お年寄り用の防寒着，前掛け，手甲，頭巾の作り方が載っている（39.12）。手編みや編み直しは普通のことで，そこには作り手の深い思い入れが込められていた。

戦後の洋装普及に足踏み式ミシンの果たした役割を忘れてはならない。また，町のあちらこちらに洋裁学校があった。

［洋装　日本の文化－この百年－（3）］（37.1.17）

洋装が女の生活にとけ込んだのは，男より約五十年遅れている。はなやかな外見にもかかわらず，洋装の歴史は苦難に満ちたものであった。

戦後急激に普及　広まる洋裁学校　昭和26年衣料切符廃止をきっかけに洋装が本格化す。　今は洋装時代，新しいモードを求めて洋裁店には娘さんがおしかけている。

物的に豊かではなく，衣服のお下がりは当然のことであった。また，いつも同じ衣服を着ている人を着たきりすずめともじった。お茶箱は防湿性

に富んでいたので，衣装箱の代用とすることも多かった。

　ところで，学校の体育着として登場したものがトレーニング・シャツとパンツ（通称トレパン・トレシャツ）であった。それらは合成繊維で吸湿性に優れたビニロンがウリであったが，白色であったため泥をはね上げると洗濯しても汚れが落ちず，シミになって残ることが難点であった。K社の新聞広告を引用しよう。

　［トレーニング　シャツ・パンツ］（37.9.29夕刊）
　こすっても引張っても洗っても，へこたれません。よく汗を吸うので肌ざわりは快適。どんな運動にも元気いっぱいおともします。

　その他，夏には麦わら帽子をかぶったり，冬には毛糸の手袋で人形を作って遊んだものだった。

s＜食生活＞

　ビタミンAが豊富に含まれるという八ツ目うなぎ，粉末ジュース，石焼き芋，ご飯にバター（実際はマーガリン）をのせて食べるバターご飯が登場する。また，コンデンスミルクやチョコレート，フルーツ缶詰，すき焼きは高級品と評された。お見舞い品の定番であった。さらに，即席（インスタント）ラーメンに関連して次のような記事がある。

　［流行語にみるこの一年］（36.12.31）
　"生活合理化時代"で好まれたインスタント

s＜衣生活＞	s＜食生活＞
手作り子ども服 編み直し・手編みのセーター 蚊帳　茶箱の利用　トレパン 麦わら帽子 毛糸の手袋で指人形を作る 足踏み式ミシン 着たきりすずめ	八ツ目うなぎ　ありの実 食い合わせ（天ぷらとスイカ，梅干しとうなぎ） おやつ（ドロップ，金平糖，ゼリービーンズ， 　　　　かりんとう，ラムネ，キャラメル，干し芋） コンデンスミルク　ソフトチョコ フルーツ缶詰，パイナップル缶詰 蝿帳　漬物・漬物石・ぬか漬け 粉末ジュース　石焼き芋　即席ラーメン 水玉模様の湯飲み　バターご飯 スキヤキ（高級料理）

"食"をトップに"衣""住"に　　インスタント
　もともと"インスタント"は"直ちに""即席に"といった意味。今日のような大流行は「インスタント食品」の普及がきっかけです。…"食"ではカン詰，冷凍食品，真空・乾燥食品，ビニール袋詰のツケものや"インスタント食品"の数々。…

　また，「陰膳」に関しては次のような説明がある。

　　［日本の文化（40）食事］（36.10.3）
　　共食精神にあふれるカゲゼンやスソワケ
　旅に出た人の無事と，食べ物に困らないようにと留守家族が供えるカゲゼンとか，正月の宴会，直会（なおらい）の欠席者に届けるオクリゼンなども共食精神のあらわれだった。

ｓ＜住生活＞
　伝統的な住環境として，床の間・囲炉裏・井戸・つるべ・水瓶・五右衛門風呂・板塀などがあげられる。また季節的なものとして，夏座敷・よしず・行水・掘りごたつ・湯たんぽが描かれている。これらのなかから，囲炉裏に関する記事を紹介しよう。

　　［いろり］（36.11.28）
　　家族制度の象徴，いまは郷愁の対象に
　　だんらんと教育の場　　おかしてはならぬ"座"　都市周辺から消える
　もともと暖房，炊事，明かりなどさまざまな機能を，未分化のまま備えていたいろりが，電化によって明かりを，コタツで熱を，カマドによって炊事を，とつぎつぎに機能をはぎとられていけば，結果はおのずから明らかとなろう。

　一方，新しい近代的住環境として取りあげられているのが，ガス湯沸かし器とプロパンガスであるが，当時の新聞には次のように記載されている。

　　［ガス湯沸器］（34.9.30）
　　冬に向かって…いつでもお湯の出るガス湯沸器
　　◆いるだけのお湯がすぐ間に合います。

◆コック１つで，すぐお湯が出ます。
　◆ガス七輪の半分以下のガス代ですみます。
　◆形が小さいので狭い所にもつけられます。…
お台所の合理化はまずガス湯沸器からお始め下さい。

［お湯の出る水道］（35.10.19）
　台所の合理化，近代化も電気器具がすべてではない。最近とくに関心を集めているものにガス湯沸器がある。…コックを回すだけで自動的に簡単に湯が得られ，食器洗い，洗面，ひげそり，場合によってはシャワーにもなり，利用範囲も広いところが魅力のようだ。

［プロパンガス］（34.9.30）
　台所文化の寵児プロパンガス
　プロパンガスはいつでもどんな都心からはなれた所でも，すぐお申込になったその日のうちにお引きします。その上費用はごく安価ですみます。さあ，今年の冬はプロパンガスでお宅の台所を暖かく疲れ知らずの文化生活を楽める台所にしましょう。

ｓ＜住生活＞

ガス湯沸かし器　　プロパンガス
井戸，つるべ，水瓶　　いろり
おとし・くみ取り・屋外トイレ
よしず　すきま風，雨漏り
火消しつぼ　縁側，縁石　障子（張り）
ハタキ，ホウキ，チリトリ
湯たんぽ（朝の洗面用にも使用）
書斎（父の居場所），文机
夏座敷，行水　五右衛門風呂
掘りごたつ（たどん・炭・練炭），火鉢
柱のきず（背比べ，ネコのつめあと）
ちゃぶ台　　学習机
板塀（落書き）　　床の間

［プロパン・ブロ　普及のきざし］
（39.7.26）
　都市ガスのない地域にも，プロパンの普及は目ざましく，プロパン・ブロを利用する家庭も大きな伸びが見込まれ，新生浴そうや器具の生産もこれからが本番というところ。　　量産で値段の大衆化へ

ｓ＜コミュニケーション・人間関係・俚諺＞
　当時の新聞の女性募集欄を見ると，30年代前半では「女中さん」後半では「お手伝いさん」という表記が使われている。父親と息子とのキャッチボール，父親の膝の上，父親の背中，これらには父親の存在感や特別な意味を読みとることができる。また，父親の家庭サービスには「早く帰宅す

る」や「お土産（ケーキ・焼き鳥・お寿司）を買って帰る」があった。自宅や近所で働く両親の姿を見る機会に恵まれていた当時の子どもたちを次のように記事は述べている。

［こどもの世界（9）（13）］（36.6.30, 7.6）
大人の労働を見つめ家の暮らしを考える
　おとなの労働を知る
　親きょうだいへ思いやりも
　子供は，おとなの労働を知っています。学校から帰って，親たちの仕事，よそのおとなの仕事を毎日のように見ているのです。

s＜コミュニケーション・人間関係・俚諺＞

| 頑固おやじ　　妻の家出　　お手伝いさん |
| 家庭教師　　いそうろう　　子守唄 |
| キャッチボール　　父の膝のうえ　　父の背中 |
| 父の家族サービス　父の仕事　両親の働く姿 |
| ペット飼育　　だだをこねる |
| 内職（造花作り）　　　呼び出し電話 |
| 夜の爪切りは親の死に目にあえない |
| 夜中に口笛を吹くと蛇が来る |
| 夜のクモは泥棒が，朝のクモはお客が来る |
| 下駄の鼻緒が切れると縁起が悪い |
| 茶柱が立つと縁起がよい |
| 雷よけのおまじない，くわばらくわばら… |
| 親孝行，したいときには親はなし |
| 火の用心 |
| 受験生に「落ちる」は禁句 |
| ひな人形をいつまでも飾っておかない |
| てるてる坊主を作る，明日天気にしておくれ |
| ネコが顔を洗うと雨が降る |

コミュニケーションや人間関係における体験が即生活学習ともなる時代であった。たとえば，呼び出し電話も人間関係の機微や遠近調節を学習する機会であった。ここで当時の電話事情を記事から紹介してみよう。

［電話の話題あれこれ］（34.10.23）
　申し込んですぐつくには最低13年かかる　日本人はきらう"共同電話"
こと電話に関する限り"一年も前に申し込んだのにまだひいてもらえないんですよ"とあちこちの家庭に不平不満の声が起こっている。おいそれと電話はなかなか家庭にはいってきそうもない。

　俚諺の数々，これらは世代から世代へと継承されてきた。

s ＜保健・医療・衛生＞

　出産時に新生児を取りあげたのはお産婆さんであった。出産場所も病院よりも近隣にある産院であった。また体調の悪い時，なじみの医師がよく往診をしてくれた。彼は家族全員の生活状況や病歴を把握し，適切な治療をしてくれた。各家庭には「越中富山の薬」が常備されていた。年に一・二度来訪する薬屋のおじさんとの会話も楽しく，おじさんの薬の差し替えも面白かった。サービスに紙風船や塗り箸をつけてくれた。薬箱も籐の行李からプラスチック製へと変わり，当初バスに乗って来たおじさんはその後自転車，バイク，自動車を使うようになった。交通手段も時代に対応していたのだ。しかし後継者難と薬局の増加により，この「置き薬」は廃れていくことになるのだが，それでもまだこの時代は医療や保健が身近にあった。ハエもいたるところで飛びかっていたから，ハエ取りリボンは商店でも家庭でも必需品であった。衛生面もまだまだ十分ではなかった。石灰を消毒剤として畳の下や縁の下，それにゴミ箱周りなど住まいのあちらこちらに撒いた。そして年末には大掃除をしたものだった。

s ＜保健・医療・衛生＞
往診
お産婆さん
富山の置き薬，紙風船
ハエ取りリボン
蚊帳　　蚊取り線香
お昼寝
氷のう

s ＜家庭電化製品＞

　M電器の「電化による生活文化の向上へ」という広告に代表されるように，電化は近代化の必要条件であった。当時の代表的家庭電化製品，白黒テレビ・冷蔵庫・洗濯機などいわゆる三種の神器はもちろんのこと，どの家電製品も価格は高く，現金払いはまれでほとんどが月賦による支払いであった。ちなみに30年代中頃の価格は新聞広告によると次の通り（単位円。当時の大卒初任給平均は12000円。）。白黒テレビ（65000～75000），電気洗濯機（25000～30000），電気冷蔵庫（60000～80000），電気掃除機（16000），電気炊飯器（3500～4500），ジューサー（9800），トースター（パン焼き器，1500～2500），電気ポット（2000～3000），電気アンカ（1500～2000），電気こたつ（4000），ラジオ（8000～15000），ステレオ（40000），テープレコーダー（25000～30000），レコードプレーヤー（6000），電球（60）…これらの購入

は生活の向上をもたらし，家族の幸福を約束するものであると人々は確信していた。テレビの購入をめぐって夫婦げんかをしたという話もあるにはあったが。こうした事情をある記事は次のように伝える。

　［この十年　女のくらし（1）家庭電化］（39.5.18）
　文化生活の夢も"ぜいたく"から"実用"へ
　電化・イコール・文化生活という考え方も，このへんでじっくり考え直してみるのもいいことです。わが家と電化の限界をわきまえることで，かえってムダのない暮らしやすさにつながる場合だってあります。これからの十年は，たぶん，クーラーもカラー・テレビも，いままでとはその位置が違って，どんどん大衆化するかもしれませんが，それに並行して，これからの電化はなにごとによらずメーカー任せにせず，家族の知恵で選び，とりいれて，その家庭にふさわしい機能を発揮させるのが，電化をいかす方法でしょう。…"電化"というのは，ただ家庭電気器具を買ってすむことではなく，あらゆる意味でそれを"使いこなす"知恵と努力がいります。

　また電気カミソリと電気コタツについて，ブーム到来の記事がある。

　［電気カミソリ］（39.11.17）
　機種選定のポイント

　［ことしの電気コタツ］（39.11.18）
　機種もふえてブーム商品に　　メーカーで違う方式や特徴
　赤外線式が中心　　熱効果と医療効果で人気
　選ぶポイント　　人数と寒暖の地方差考えて

　ところで，新しい電化製品の導入・普及は必然的に衰退する商売を生み出してしまう。その好対照をなす一例を電気冷蔵庫にみよう。

　［電気製品夏の花形］（35.4.30）
　テレビ追うブーム　冷蔵庫
　夏だけの季節品から年間製品としての価値が

s ＜家庭電化製品＞

電気洗濯機　ジューサー
トースター（パン焼き器）
電気掃除機　電気炊飯器
電気冷蔵庫
白黒テレビ（ビロードの幕付）
電気アンカ
電灯（20W, 40W, 60W）
ハダカ電球
レコードプレーヤー
電気こたつ　電気ポット
電気カミソリ

ようやく認識されてきたことも見逃せない。梅雨期や真夏の食品腐敗防止，冷凍ばかりでなく，冬でも野菜の栄養保存－とくにビタミンCの逃避防止－や一般食料品の貯蔵にも大いに役立つというわけである。

　［電気冷蔵庫に食われる悲鳴をあげる氷屋さん］（34.8.2）
　　売行きはガタ落ち　　見切りつけて転業のものも
　電気冷蔵庫の影響は昨年あたりから少しずつ出はじめたが，ハッキリ現れたのはことしになってから。先を見越した業者の中には多角経営にふみきる店も出はじめている。

s＜しつけ・お手伝い・おつかい＞
　社会学では，基本的社会化（しつけ）を集団生活への第一歩と考えているが，この機能は当時の家族に残存していたのであろうか。社会生活のルールを先ず家族を通じて学習していくことになるが，変動期にある時は価値体系が混乱するため，ルールの内面化が欠落してしまう。いつの時代にも共通の課題といえるが，当時の事情を新聞では次のように伝える。

　［衣食は足りたが"礼節"は大混乱］（38.10.10）
　　根本は大人の社会　　家庭にも学校にも問題が

s＜しつけ・お手伝い・おつかい＞

いい子にしていないとバチがあたる　　　　21:00～21:30には寝ること
お行儀よく（食べながら本を読まない，好きなおかずばかり食べない，　　　　肘をついて食べない）
お仕置（反省するまで家に入れない，お尻をたたく・お尻ペンペン，　　　　納戸や押入に入れる）
スパルタ教育　　　　　　　　　　　親しき仲にも礼儀あり
ボーイスカウトに入隊する
暗くなるまで遊んでいると，人さらいにさらわれる
世間体が悪い　　　　　　　　　　　汚い手で目をこすらない
買い出し（お酒）　　　　　　　　　お掃除・お風呂焚き
牛乳配達・新聞配達　　　　　　　　リヤカーで荷物運び
祖父の世話　　　　　　　　　　　　おつかい犬　　　　　　　お留守番・店番
尊敬する人物（野口英世，二宮金次郎，エジソン，コロンブス，ライト兄弟，　　　　ナイチンゲール，キューリー夫人）

s＜冠婚葬祭・年中行事・イベント＞
　これらの機能もほとんどが家族内に残存していたことがわかる。何より まだものの少ない時代であった。専門のサービス組織を使ったり，あるいは商品として購入するのではなく，家族内で処理をしたり，あるいは用意をしたのであった。これらの機能が外部化しだすのはこの時代以降である。

s＜コミュニケーション・おつきあい＞
　町内にはさまざまな個人商店があった。ちなみに，スーパーマーケットが普及していくのはこれ以降である。

　［スーパー・マーケット時代へ］（35.5.10）
　消費者つかむ新商法　　魅力はセルフ・サービスに
　これからスーパー・マーケットが生まれるところとしては住宅地に近い駅付近や団地に近いところがもっとも有力な候補地で，従来の寄合い式マーケットにとって代ることが考えられる。

　［まだ過渡期のスーパー　マーケット　ストア］（39.3.22）
　ここ数年来急激に伸び，目ざましい繁盛ぶりをみせています。しかし，なかには立地条件の研究不足，あるいは無計画な経営から一般小売り店と対立して問題を起こし，開店後一年たらずでつぶれるという店もかなりあるようです。小売り業の近代化，物価の安定に役立つといわれるスーパーがなぜつぶれていくか…

　またこれとは反対に，次第にその姿を消していったのが，映画館・貸本屋さん・紙芝居やさんであった。木造の映画館では木の柱がスクリーンの視界をさえぎり，トイレの臭いが漂ってきた。上映中にフィルムが切れてしまったり，雨が降っているようなフィルムもあった。

　［テレビに追われる紙芝居］（33.2.20）
　半数がもう商売変え　　最近，街から紙芝居屋さんの姿がめっきり減った。ものすごい勢いで普及したテレビに子供たちを奪われ，商売がなりたたなくなったためという。

　あちらこちらに空き地があったが，そこでキャッチボールや三角ベース

s ＜冠婚葬祭・年中行事・イベント＞

自宅で花嫁の仕度をする　　　　　　　自宅でお葬式をする
新年（年始回り，初詣，松飾り，年賀状，お年玉，おせち料理，ゲーム）
節分（豆まき，「鬼は外，福は内」）　入試シーズン・表札が盗まれる
桃の節句・ひな祭り（五人飾り・いつまでも人形を飾っておかない）
端午の節句（鯉のぼり，柏餅，柱のきず・背比べ）
お中元やお歳暮の品を先方に持参する（配達業者を使わない）
お月見　　　　　　　　　　　　　七五三
クリスマス（バタークリームのクリスマスケーキ）
年末（のし餅切り，大掃除，年越しそば，除夜の鐘）
家族旅行・行楽（靴を脱いで新聞紙のうえに足を置く，潮干狩り，動物園）

s ＜コミュニケーション・おつきあい＞

修理屋（鋳掛けや，研ぎ屋，傘直し）
こわいおじさん，いじめっ子，迷子，人さらい
炭屋，肉屋，自転車屋，貸本屋，紙芝居や，
質屋，電気屋，おもちゃ屋，駄菓子屋
写真館（記念写真，入学式，七五三，成人式，お見合い）
郵便局（電報の申し込み）　　　　公衆電話ボックス（丹頂鶴型）・電電公社
縁日の夜店（綿あめ，あんず飴，氷菓子，
射的，金魚すくい，スマートボール）
花火大会・ガマン大会・幻灯大会・肝試し会
ラジオ体操の集い，子どもみこし
お地蔵様　　　　　　　　　　　たんぼ・案山子
空き地（キャッチボール、三角ベース，土管）
草地（コオロギ）・摘み草（よもぎ，ツクシ）・山菜取り・銀杏拾い・紅葉狩り
集団就職　　　　　　　　　　　引っ越し（向こう三軒両隣，そば）
井戸端会議　　　　　　　　　　野良犬・野良猫
街灯の管理（点灯と消灯）　　　　算盤塾，町の道場（柔道，空手），映画館
回覧板　　　　　　　　　　　　集金人，借金とり，夜逃げ
福引き抽選所　　　　　　　　　正月の一斉休業

を楽しみ，草地では草摘みをしたりコオロギを捕まえた。空き地や草地にはなぜか土管が放置されていた。

　隣近所との交流も密接で，回覧板の受け渡しはもとより，留守にする時も挨拶をしたものだった。「お出かけは一声かけてカギかけて」という防犯の標語まであった。井戸端会議や道ばた会議，引っ越しも向こう三軒両隣，良くも悪くも近隣関係は深かった。街灯の点灯や消灯も自主的に行われた。道ばたのお地蔵さまや小さな社にも地域とのつながりや神秘性を感じることができた。また，ガスタンクの近寄りがたい不思議な存在感も忘れることができない。

　そしてこの時代でもっとも忘れてならないのは，集団就職で上京してきた若い人々のことである。新聞記事でもこの件については多く報じられている。

　［集団就職の子らが"東京だより"］（32.11.15）
　仕事もなれて，元気です

　［集団就職］（33.3.30）
　いまでは都内の多くの商店会が「最低賃金」「週休」「独立資金融資」などの制度を実施して店員の優遇をはかっている。

　［約八割が帰郷や転職］（33.8.13）
　集団就職にミソつけた用賀商店会に改善勧告（渋谷職安）　子守りさせたり約束ホゴ　賃金から約束にない部屋代を差引いたり，勤務時間が長すぎたり，夜学へ通わせる約束を守らなかったり，また店の仕事のほか子守をさせるなど少年たちを失望させることが多かった。

　［若い根っこの会］（35.8.28）
　地方から上京した店員やお手伝い，工員さんたちのつどい　孤独な仲間の"心の広場"　「憩いの家」着工も間近か　ピクニック・演劇会で楽しむ

　［結婚・独立期を迎えた集団就職者］（38.8.4）
　自分の体より重いようなトランクやふろしき包みを両手に，東京，大阪，

名古屋などの都会へやってきた"かわいい働き手"中学卒業者の集団就職がはじまって，もう十年目を迎える。…中小企業の人手不足解消と労働条件の改善に大きな役割を果たした集団就職制度に，新しい問題が出てきたわけだ。

　悩み多い"住み込み"　　"のれん分け"は昔の夢

s＜子どものあそび＞
　なんといっても「ごっこあそび」の多さ・豊かさに感心してしまう。父親と母親，善玉と悪役，男性と女性，店主とお客，…ごっこあそびは役割取得の格好の練習であった。どこかにモデルがあり，子どもはそれを模倣して役割の学習をしていたのだ。あそびのなかで集団生活に適応する術を内面化していたことになる。子どものあそびについて，次のような記事がある。

　［東京っ子（1）子どもの遊び］（32.9.8）
　すべてスピード化　　すたれる"お手玉""石けり"
　"戦争ごっこ"にはチャンバラや西部劇のマネがとって代った。「行きはよいよい…」の"天神様の細道"が下火になったのにひきかえ"カゴメ　カゴメ"と並んで九州の"アンタ方どこさ肥後さ…"というまりつき歌がはやっているのは，だんだん地方出身者で埋められてゆく東京の庶民生活の一面を物語っているようだ。

　［子供とおもちゃ］（35.5.20）
　たくさんあると有害　　子供にとっては，いつも何か少し欠乏感をもっている程度におもちゃを与えておく方が興味の持続には効果がありますし，子供は熱心におもちゃに働きかけるものです。…

　［現代のオモチャ］（39.10.3）
　豪華さと力感，個性的　　"文化生活"もその原型に
　子供が遊びにはいってゆく自主性を育てる

　プロレス，野球，ボーリング，ロケット，ピストル…どれも30年代に流行ったものだが，子どもにとって大ブームとなったものが，模型造りブー

ムと切手ブームであった。その熱狂ぶりが次の記事からもわかる。

　　［流行するプラモ工作］(36.11.15)
　この新しい工作材料の，小学校上級生から中学生への流行普及はたいへんなものです。　　やさしくて美しい　　軍用ものがもてる　　個性は出しにくい

　　［プラモデル・第二次ブーム］(38.9.5)
　プラモデルが初めて登場した五年前が第一次ブームとすれば，いまは第二次のブームで，売り場には三十円から一万円までの各国製品がところせましと並べられ，小さなお客さんたちの購買意欲をそそっています。
　日本製のものだけみても，各時代の飛行機，船，戦車，自動車，汽車などの乗り物類から，ミニチュア・ハウス，ミニチュア・ガーデン・セットなど女の子も喜びそうなもの，人体解剖模型やモーター組み立てなどの科学教材，さらには"歴史に強くなりましょう"とうたった「名将カブトムシシリーズ」あるいは幌（ほろ）馬車，駅馬車などの「西部劇シリーズ」など，種類は実に豊富。

　　["切手ブーム"をこう導こう］(39.8.4)
　「初対面の子供の心をつかむには，切手の話をすればまず大丈夫」といわれるほど，小，中学生の間に切手熱がさかんです。
　　趣味いかして"分類"　　高い珍品集め　　大人のマネは不必要
　小，中学生にとくに適していると思われるのは，自分の趣味を生かし，人物，スポーツ，動物，植物，乗物といったテーマを決めて集める方法。…好みでどのテーマを選ぶにしても，集めた切手をただ机の中に死蔵するだけでなく，さまざまの角度から調べ検討すれば，切手を通じてすばらしい知識が得られます。こういうやり方では勉強のじゃまになる心配はありません。

　ところで，大ブームのなかでも過熱しすぎて社会問題にまでなったものがあった。それが"フラフープ"と"だっこちゃん"の大ブームにほかならない。ちなみにお菓子メーカーのE社では，お菓子の購入者5000名にEPレコード「フラ・フープ・ソング」や「フラ・フープ」の現物をプレゼントしたほどであった（33.11.19　全面広告）。

s ＜子どものあそび＞

昆虫採集，標本作製	野球盤ゲーム，草野球，キャッチボール
プロレスごっこ（背骨おり，四の字固め，空手チョップ）	
軍人将棋	メンコ，ビー玉，ビーズ玉
スマートボール	パチンコ・弓矢
探検ごっこ，ドラキュラごっこ，ターザンごっこ，	おまわりさんごっこ，電車ごっこ
大人のマネ（コーヒー，たばこ）	友だちの家に泊まる
お人形あそび（ミルク飲み，着せ替え）	おままごと（ござを敷く）
動物を飼育する（熱帯魚，伝書バト，カメ，ヤドカリ，ザリガニ，メダカ，イモリ，トカゲ）	
内緒話，放送局（あだ名）	
コレクター（切手，王冠，綺麗な包装紙，ペナント）	
鉄道模型作り，模型飛行機作り，プラモデル作り	箱庭作り
ロケット（火薬）あそび	
ジャンケンポン	ベェーごま
缶けり，かくれんぼう，鬼ごっこ	だるまさんが転んだ
ピストル（巻玉，平玉，ゴム輪）	フラフープ
ゆびきりげんまん	大人用自転車の三角乗り
肥後の守を使う（工作）	折り紙
福笑い，タコあげ，カルタ，はねつき，双六，トランプ，雪合戦	雪うさぎ，雪だるま
あぶり出し（リンゴ，大根，ミカンなどの汁で書く）	
シャボン玉	四葉のクローバー探し（幸運のお守り）
手影絵	
チャンバラ	水泳
なわとび	お手玉，あやとり
日光写真	ボーリング
鉱石ラジオ作り	押し花作り
真冬に水たまりの氷を割る	くぎ刺し
馬乗り，押しくらまんじゅう	魚釣り

［フラフープ］（33.11.18）
　あぶない遊びすぎ　　身体の欠陥にご注意　　同じ方向ばかりに体をよじるのも悪い
　フラフープは"益あっても害なし"というお医者の保証までついて，文字どおりネコもシャクシも大流行…警視庁では…この遊びが交通妨害になり，交通事故のもとになるというので道路上でやるのを取締まることになった…

［ついに弊害を生んだ"だっこちゃん"ブーム］（35.8.25）
　デパートの行列にダフ屋がウロウロ　　販売をやめたところも
　もともとブームのはしりは六月末，[発売元のT社は]それ以後いくら作っても追いつかない。…フラフープの例もあることだし無計画の増産は考えものとなかなか慎重。最近では類似品まで現われて手を焼いているという。

　なにごとも「過ぎたるは及ばざるがごとし」ということだろう。

s＜小・中学校＞
　新設校にはなかったが，昔からの学校には玄関前に薪を背負った二宮金次郎が鎮座していた。この時代，4時間目が終了すると給食当番が配膳をした。イギリスパンかコッペパンの主食に総菜が一皿，それに脱脂粉乳のミルクがついた。麺類はのび，脱脂粉乳のミルクは美味しくなかったが，食べ残しは許されなかった。鯨肉がよく出た。牛乳がメニューに載るようになるのはもう少し後のことである。校舎の北側にある給食室にはなんともいえない独特のにおいがしみ込んでいた。子どもたちは勉強よりも友だちとのあそびに連日夢中であった。勉強の記憶はほとんど残っていない。近隣の仲間たち，学校の友だち，これらは一部重複してちびっ子ギャングを形成していた。いわゆるあそび仲間（プレイグループ）である。仲間同士ではお互いの家の事情に精通していた。暮らしぶりが似ていたこともあるが，人間関係が直接的・全面的な時代であった。教師と児童・生徒との関係も同様で，お互いに家族のことをよく知っていた。

s ＜小・中学校＞

いたずら	学校給食（コッペパン，脱脂粉乳）	修学旅行
謄写版印刷	宿題（親が手伝う）	クラス委員選出
鉛筆けずり	蚕の観察	二宮金次郎（尊徳）の銅像
今週の目標	あだ名（先生，同級生）	身体検査
体操，跳び箱，ラジオ体操	交通安全教室	キャンプ
皆勤賞をもらう	お弁当（弁当箱のふたでお湯を飲む）	
学童絵画教室	寄り道，道草　　参観日	クリスマス会
ダルマストーブ（石炭）	学芸会（お芝居，歌唱）	
運動会（借り物，パン食い，綱引き，玉入れ）		

s ＜交通・運輸＞

当時の道路は都市部でも未舗装が多く，でこぼこ道が普通であった。したがって，乾けば土ぼこりが舞い上がり，雨が降ればすぐに水たまりができ泥水のしぶきがあたり一面に飛んだ。この事情を新聞記事は次のように伝える。

　［いつまで続くデコボコ道路］(32.10.11)

近代都市にとってよい道路は欠くことのできないものの一つだが，東京の道路はお世辞にもよい点数は与えられない。いつでも都内のどこかで工事が行なわれ，むき出しになった道は雨が降ればドロンコ，大雨でも降れば洪水のようになるというぐあい。…そのうえ道路をよくするための工事のほか，ガス，水道，電話，それに地下鉄工事までが勝手に道路を掘りおこす。

電気だ，ガスだと工事のたびに掘り返すので道路の痛むのも激しい。
道路工事もやってはいるが車はどしどし重くなるので至るところ穴だらけ。…

ボンネットバスには運転手さんと車掌さんが乗務していた。狭い道でも巧みなハンドルさばきと誘導で軒先ギリギリを通過した。激しい揺れにもかかわらず，しっかり立っていた車掌さんもすごかった。方向指示器はまだウインカーではなく，赤い指示器が曲がる側に90度跳びだした。ワイパーも車の屋根側からフロントガラスを拭く方式であった。

s ＜交通・運輸＞

ボンネットバス　　　スクーター
セスナ機から広告のちらしをまく
レンタカー　　　踏み切り番（警手さん）
交通整理のおまわりさん，交通事故
デコボコ道

国産の軽自動車が誕生したのもこの時代であるが，一般庶民には手の届くはずもなく，バイクやスクーターがあこがれの的であった。開業医のなかには，往診時に白衣をなびかせスクーターに乗っていたお医者さんがいた。また，スクーターの後部座席に乗っている女性がまぶしかった。

ところで，当時はまだ立体交差が普及する前であったので，踏み切りもいたるところにあった。そのような光景を記事から紹介しよう。

［警手さん　ご苦労さま］(36.2.12)
　ひっきりなしに鳴るブザー。発煙筒を背負いサッと立上がる中老の踏切警手の表情は痛ましいばかりにとがる。ゴウ音と震動のなかで絶えず大事故の危険にさらされる"秒読み人生"。彼らのモットーは一にも二にも「よく見，よく聞き，よく確めて」の三原則。一つなりともおろそかにしては相ならぬと"省略厳禁"のハリ札が詰所の壁からにらんでいる。

s ＜放送・メディア・流行語＞

テレビの時代が到来し，人気番組・流行語・有名人，いずれもその影響下に登場したのであった。これらに関連する新聞記事を年代順に引用してみよう。

［ロカビリーの魅力はどこに？］(33.3.28)
　リズム，表情の一致で　　知らぬ間に自分も演技者に　　若い層の興奮を呼ぶ　　開放感をぶちまく

［裕次郎の人気］(33.5.8)
　頼もしい息子型　　義理人情にこだわる面も
　とにかくラジオに裕次郎が出てきたり，子供たちが裕次郎のまねをしていても，おとなたちに「おおいやだ」という感じを与えない，裕次郎には健康的な魅力というか，専門家にいわせても，このスターくらいやすやすと家庭にはいり込んだ俳優はないといえそうです。

［こども向けのテレビ番組］(33.8.19)

"いつでもどこかで子供たちが見ている－"これは今日のテレビ番組製作者の常識である。事実大部分の家庭でダイヤルを握っているのは子供たちだ。

　　人気と批判の板ばさみ　　むずかしいカネ合い

まず「赤胴鈴之助」。観光バスの中で，子供たちが合唱するのはきまって"剣をとっては日本一の，夢は大きい少年剣士…"の歌。…赤胴鈴之助と並んで人気と批判が高いのが「月光仮面」インドの伝説を基にした和製スーパーマンというところ。子供たちがマネして敷布でもなんでも白い布なら見境なく持ち出して身を包んでとび回るので困っているというお母さんたちの投書がひっきりなし。ピストルの撃ち合いや残虐な場面もなるべく出さないようにしているが…

［テレビ時代（19）モード誕生］(34.1.23)

テレビの画面からも新しいモードが作られている。

　　月光仮面や事件記者　　プレスマン・ルックを生んだ「事件記者」

［アメリカのテレビ　ホーム・ドラマの人気］(34.9.2)

　　楽しみつつ学べる　　「パパは何でも知っている」「うちのママは世界一」「ビーバーちゃん」「名犬ラッシー」これら一連のホーム・ドラマは一見平凡な日常生活を描きながら，必ず何かの教訓を提供してくれる。アメ

s ＜放送・メディア・流行語＞

［テレビ番組］
　名犬ラッシー，パパは何でも知っている，うちのママは世界一，
　ローンレンジャー，サンセット77，ヒッチコック劇場，アンタッチャブル，
　ベンケーシー，逃亡者，プロレス，バス通り裏，私の秘密，月光仮面，
　スター千一夜，赤胴鈴之助，怪人二十面相，少年探偵団，透明人間
［流行語・流行歌］
　ガチョ～ン，お呼びでない，シェー，ロカビリー，恋のバカンス，スーダラ節
［有名人など］
　力道山，柏戸，大鵬　　石原裕次郎　　ミス・ユニバース
［その他］
　チャンネル争い（殺人事件），東京タワー，街頭テレビ，ラジオ，ラジオ英会話

リカ的な物の考えを基盤にしたデモクラチックな教育方針が必ずその底に流れている。…戦後の日本の新教育でいわれている子供の自発性と，保護者としての両親のあり方などが典型的な姿で示されている。

［テレビ・ドラマの中の家庭　パパは何でも知っている］(36.2.11)
　強い信念をもつパパ　"失敗ごとに子らは成長"　新旧両世代の新しい"学習"　父と子のこのような交渉の仕方は，…ケンカしたり，反目したりするのでなく，失敗を通じて新旧両世代がともに新しい学習をかさねる，という方法は，たぶん，今日の日本のなかに，一番欠けているものではあるまいか。

［流行語からみた1963年］(38.12.31)
　子供から大人まで，日常の生活の中で，ふんだんに新しいことば，流行語がとびだしてきます。…流行語はある意味での世相の反映だといえましょう。
　バカンス—ことし最大の流行語。ここ数年来のレジャーブームの延長として生まれてきたことばですが，…ちょっとぜいたくな一泊旅行や行楽の意味に使われました。
　皿洗い亭主—ゴキブリ亭主，エプロン亭主ともいわれます。
　ガチョン—最近テレビが作った流行語では…「ガチョン」（クレイジーキャッツ）…などでしょう。
　ハッスル—"元気一ぱい動きまわる"という意味。今春アメリカへキャンプしたプロ野球の阪神タイガースが持ち帰ったことばで，野球界はもちろん一般にも急速に広がりました。…無責任ムードに活を入れるには適当なことばのはずですが，事実は逆。…なんとなく太平ムードにあふれたショボクレ人生－ハッスルということばも，内容はカラまわりだったようです。

　『三丁目の夕日』シリーズは昭和30年代を総括的に描写した作品であるが，個々のエピソードを当時の新聞記事と照合することによって客観性が増すとともに，作品のリアリティもいっそう増すのである。新聞の記事はマクロとミクロを結節するメゾ的機能を持っている。次に，この時代を年

代順に描写した新聞連載マンガ『フクちゃん』を用いて，同様の視点から考察を続けよう。

3　『フクちゃん』（横山隆一）の生活世界

　人気マンガの『フクちゃん』は，昭和31年から同46年まで5534回の長きにわたって毎日新聞の朝刊に連載された，同時代の生活マンガである。ここでは39年12月までの3258回を考察の対象とした。40年以降，フクちゃんは主人公としてよりも傍観者となったり，あるいは登場しないことさえ多くなるからである。新聞連載マンガにはその時代精神や空気が色濃く反映している。したがって，その時代を考察するときの切り口となるわけであるが，作者の横山隆一は連載マンガを書くにあたっての留意点を次のように述べている。

「お母さん方に」（『新作フクちゃん』文陽社，p.1）
　　子供を主人公にした新聞の連載マンガは，一般家庭の大人から子供までの広い読者層を考えて描いておるのであります。
　　新聞マンガは，満天下のするどい看視のもとに成長しているので，新聞漫画家は，お父さんやお母さんや，PTAや識者のこわい顔をうかがいながら，坊っちゃん嬢ちゃんと，遊んでいるといっては少々言いすぎですが，お父さんやお母さんや，PTAや識者のニコニコしたはげましを受けながら，描いて居ると云うのが本当です。
　　私の考えは，せめて漫画の上だけは出来る限りおだやかに，右せず左せず，宗教は認めても邪教には近よりません。なまぬるいと云えばなまぬるいかも知れませんが，正義の芽は色々な風に当ってこそ強くなると思うのです。

また，連載3000回を迎えるにあたっての思いをこうも語っている。

「僕とフクちゃん　あすで連載三千回」（39.4.14）
　　駅弁なみ年中無休　特別な高級一品料理ではございませんので，ご不満もおありかと思われますが，安くて中毒の心配がないことと年中無休で四季折々の味もちょっぴり加えてございます。
　　新聞の漫画は事件にむらがるヤジ馬の代表といってはいいすぎかもしれませんが，アクセサリーとでもいったほうがおだやかでしょう。

陽気な話題の一石　365日，フクちゃんはきまった時間にみなさんの家庭を訪れます。健康な人，病気で寝ている人，幸福な人，不幸な人，そのあらゆる条件の家庭に不快な一石を投じないように気をつかいます。しかもみんなが一つの問題で心配しているとき，全然関係のない陽気な話題を投げて不快な一石になることも恐れます。

　このように，新聞連載マンガはあらゆる世代にわかりやすく，身近な話題も織りまぜて，中道的立場で描写されているので，その時代の庶民の実相を知るうえで格好の資料となりうる。生活マンガは社会的資料というわけで，『フクちゃん』は30年代資料として適合的と考えられ，ここに取り上げることにした。

　なお，主人公のフクちゃんはまだ入学前の子どもで本名福山福一，東京在住の伯父さん宅に跡取り息子として迎えられた。フクちゃんはこの伯父さんを「おじいさん」と呼んでいるが，伯父さんの本名は福山福太郎，現在はご隠居。それに九州出身で今で云うところのフリーター荒熊寛市が下宿人となって，この3人が一つ屋根の下で暮らしている。一時的に女中さんが登場したことがあったが(31)，この3人と町内や近隣の人々が中心的人物となってさまざまなエピソードを繰り広げる。そこに当時の生活状況も読みとることができる。ちなみに，フクちゃんのトレードマークである角帽は知人からもらい受けたものである。

　それでは次に，『フクちゃん』の生活風景を表3のように分類し，それぞれのジャンル毎に考察していこう。

　※以下文中および表タイトルに付せられたアルファベット"f"は，『フクちゃん』を表している。

　f ＜衣生活＞
・デコボコ道路が多く雨が降るとすぐ水たまりができたので，自動車の泥はねによく遭遇した(32.2.26)。また歩行者も知らないうちに自分のズボンに泥をはね上げていた。手洗いでも洗濯機でも自宅でこの汚れを落とすことはむずかしかった。
・ズボンプレッサーがない時代，敷き布団の下にズボンやスカートを敷いて寝押しをしたものだった(32.5.19)。

表3 『フクちゃん』の生活風景の分類（f）

家族	衣生活
	食生活
	住生活
	コミュニケーション・人間関係・俚諺
	保健・医療・衛生
	家庭電化製品
	しつけ・お手伝い・おつかい
	冠婚葬祭・年中行事・イベント
	その他の家庭生活
近隣町内	コミュニケーション・おつきあい
	子どものあそび
社会	交通・運輸
	放送・メディア・流行語

f ＜衣生活＞

下駄履き(31～39)　衣服が泥だらけ(32)
ズボンの寝押し(32)
鉄条網に服を引っかける(32)
洋服ダンス(33)　毛糸巻き(34)
足踏み式ミシン(36)

（　）は登場年，年号は昭和，以下同様

・毛糸巻きは二人が対面して行ったが（34.9.8），これはお手伝いのほか，対話の効果もあった。
・この3人は下駄履きの時が多いが，洋装でお出かけする時は当然靴を履いた。なお，おじいさんの背広姿はほんのわずかしかない。
・囲いなどに鉄条網が張られていることが多く，それにフクちゃんが衣服を引っかけて破ってしまうシーンがある（32.12.10）。
・友人の入学準備で洋服を足踏み式ミシンで作るシーンがある（36.3.22）。ランドセルもお古をみがいて再利用したのである。

f ＜食生活＞
・七輪やガスコンロで煮炊きをした（33.1.11, 33.1.29）。また，電気炊飯器を利用する前は，ご飯ができるとおひつに移し換えていた（33.6.7）。
・湿気らないように缶に入れられたドロップは，子どもたちのお気に入りお菓子であった（33.1.23）。
・インスタント食品については先に触れたが，『フクちゃん』ではおやつにインスタントのみつ豆缶詰が登場している（36.7.25）。
・冷蔵庫の氷をなめるシーンがあるが（32.7.6），もちろんまだ氷で冷やす冷蔵庫である。

・食事は自宅で作って食べるのが普通であって，外食は珍しいことであった。町の食堂でフクちゃんとおじいさんが注文したのはライスカレーであった（31.10.28）。
・夏に生水を飲まないこと（36.8.11），美味しいスイカの見分け方（38.7.3），ぬかみそのまぜ方（39.6.13）は，今日でも通用することだろうか。
・松茸狩り（38.10.7）と松茸ごはん（38.9.30），高級イメージは現在でも健在である。
・つよという女中さんが当初食事を作っていたが（31.3.19），その後はほとんどおじいさんが食事の支度をしている。なお，「お手伝いさんの引き止め」も登場するが（39.7.10），この頃になるとすでにお手伝いさんの確保がむずかしい時代となっていたのである。

f ＜住生活＞
・福山家の食事は30年代すべてちゃぶ台で行われた（33.6.7～38.9.11）。また，この家では雨漏り防止や雷よけとしても蚊帳を吊っている（32.6.29，32.7.20）。
・木造建築がまだ主流で，板塀も多く登場する。その修理やペンキを塗るシーンがある（33.4.13，33.4.14）。また，縁側でのシーンを見ると，そこが外と内との緩衝地帯であったことがわかる。
・この家は銭湯とうち風呂を併用している（31.1.21，31.2.10）。うち風呂は初めまき風呂であったが（36.10.27），その後ガス風呂になった（38.11.21）。おじいさんが「ガス風呂は便利だ」と実感をこめて言っている。ガスメーターの検針シーンもある（38.11.16）。
・福山家ではちょっとの外出で鍵をかけることはない（31.4.8）。
・同家の電話は当初壁掛け式であったが（31.2.20），翌年には黒電話に変わっている（32.6.13）。
・トラックや乗用車の振動によって，塀の一部がはがれ落ちた（31.10.16）。
・年末の大掃除（31.12.31）や畳の裏返し（34.12.22），障子張り（36.10.14）のシーンがある。その障子の隅を猫の通り道として開けておく話がある（35.10.15）。

f ＜食生活＞		f ＜住生活＞	
おひつ(31)	外食(31)	ちゃぶ台　木造家屋・木の塀・縁側・縁の下	
冷蔵庫の氷をなめる(32)		火鉢(31,38)	こたつ(31,39)　うち風呂(31,39)
氷水(33)	七輪(33)	壁掛け電話(31)	外出時，鍵をかけない(31)
ガスコンロ(33)	ドロップ(33)	自動車の振動で壁にひび(31)	
人参嫌い(33)	焼き芋(33,37)	年末大掃除(31)	床下をあげる(32)
チューインガムの始末に困る(35)		文机(32,34)	防犯ベル(32)
インスタント食品(36)		蚊帳(32,33)	黒電話(32,34,37)
生水を飲まない(36)		スタンド(34)	雨漏り(34,35,39)
美味しいスイカの選び方(38)		すだれ(34)	畳替え・裏返し(34)
松茸ごはん(38)		障子(35,36,39)	インスタント・ベッド(35)
ぬかみそはまぜるほどよい(39)		ストーブ(35)	廊下の足跡(38)
レンジでサンマを焼く(39)		はいかぐら(39)	ベッド購入？(39)

・洋服ダンスを所有しているが(33.12.30)，ベッドはまだない。そこで家具店にベッドをフクちゃんとおじいさんが見に行く話がある(39.12.12)。室内も次第に洋風化していくのである。

f ＜コミュニケーション・人間関係・俚諺＞

・時に甘え，時に大人ぶるフクちゃん。円満な家庭生活を送っているが，やはり子ども，時には裸で跳びまわり，周囲を困らせる(34.7.12)。また，ディス・コミュニケーションのシーンもある。フクちゃんの肩たたきを，おじいさんが「何か魂胆があるはず」と勘ぐってしまい，誤解が解けてもフクちゃんのご機嫌は直らない(31.9.29, 32.9.4)。

・セメントが少々欲しいので，おじいさんがフクちゃんを工事現場に遣わす，いわゆる子どもをダシに使う話がある(34.8.22)。また，フクちゃんの代わりにおじいさんが出る，「子どものけんかに親がでる」話もある(33.1.31, 34.8.31)。このおじいさん，福山福太郎は買い物をするとき値切る癖がある(36.1.18)。

・「虚礼廃止」「お中元廃止」と頭ではわかっていても，いざ実行となるとむずかしい(31.12.16, 34.7.5)。同様に，「迷信打破」と言いながら，茶柱の縁起をかつぐおじいさんがいる(33.12.31)。

・友だちとの約束をすっかり忘れてしまったフクちゃん。おじいさんや荒

f ＜コミュニケーション・人間関係・俚諺＞

呼び出し電話(31)	誤解(31,32)
責任転嫁(31,32)	虚礼廃止(31,34,37)
いじわる(32,34)	いじめっ子(32)
子どものケンカに親がでる(33,34)	
怒りん坊(34)	あだ名で呼ぶ(34,38)
子どもをダシにする(34)	身代わり(34)
お中元廃止(34)	値切る(36)
病気お見舞い(37)	父親似のことをする(37)
家出(37)	お手伝いさん不足(39)
人違い(39)	友人宅に泊まる(39)
人は見かけによらない(35)	
情けは人のためならず(36)	知らぬが仏(37)
犬も歩けば棒にあたる(37)	棚からぼた餅(37)
聞いて極楽，見て地獄(37)	うそも方便(38)
転んでもただでは起きない(38)	

f ＜保健・医療・衛生＞

虫歯予防(31)	往診(31,33,39)
ハエ取り紙(31,36)	ゴミ箱(31)
ゴミの収集(31)	ハエたたき(32)
行水(32)	放射能(32)
手水(33)	冷水まさつ(33)
薬嫌い(34)	歯医者嫌い(34)
蚊取り線香(34)	水虫(35)
薬草ブーム(35)	蚊が多い(36)
うがい励行(36,39)	コンタクト(36)
白い歯コンクール(36)	
生ワクチン(36)	プール熱(38)
ヘルスメーター(38)	お灸(38)
スモッグの季節(38)	

熊さんが友だちの相手をしてフォローしてくれた（32.2.28）。
・福山家のなかで登場した俚諺から。「人は見かけによらない」「犬も歩けば棒にあたる」「棚からぼた餅」「知らぬが仏」「聞いて極楽，見て地獄」「転んでもただでは起きない」「うそも方便」…

f ＜保健・医療・衛生＞

　不衛生だったのだろう，ハエがいたるところで飛んでいた。したがって，その駆除は容易でなかった。ハエ取り紙やハエたたきはもちろん必需品であったし（31.5.2, 31.6.6, 32.5.28），屋外の塀ぎわに置かれたゴミ箱やゴミ収集時の消毒も不可欠であった（31.7.26）。フクちゃんがゴミ箱を水洗いするシーンもあった（35.8.9）。なお，当時のゴミ収集車はまだ荷車であった。
・医師の往診シーンがある（31.9.23, 39.12.14）。フクちゃんを診断した医師は徒歩で来たらしいが，知人を往診した医師は自動車に乗ってきた（33.8.6）。
・スモッグの話題が登場するが，当時スモッグは寒くなると発生したので

ある。それ故におじいさんは「またスモッグの季節が来たよ」と言ったのである（38.11.27）。
・うがいの励行やマスク姿の登場は，毎年カゼが流行する季節の風物詩というところだろう（32.12.9，36.1.22，39.2.6，38.1.27）。

f ＜家庭電化製品＞
・福山家には次のような家電製品が備わっている。電気掃除機（31.6.10，32.7.8），ラジオ（31.5.21，32.3.11），電気扇風機（32.6.7，35.11.29，36.8.22），トースター（33.11.21），白黒テレビ（32.10.4，33.2.10，34.1.25），テープレコーダー（35.7.8，36.11.7），電気冷蔵庫（36.3.29），電気毛布（37.12.2），クーラー（39.6.18），電気アンカ（39.12.2），電気カミソリ（38.11.14）…
・次から次へと新製品が発売される。電気店主が電気ストーブを例にとって，「去年はすでに旧式，部品がなくて修理できない」とおじいさんに言っている。これに対して，「休みのない進歩ばんざい」と少々やけ気味のおじいさん（38.11.4）。
・電灯からふた股ソケットでアイロンの電気をとるシーンがある（38.10.16）。コンセントが少なかった当時，電灯から電気をとるケースは一般的であったが，発熱しかなり危険なことであった。新聞でも「タコ足配線は危険！規定をこえた使い方は禁物」と注意をうながしている。

　［心得ておきたい家庭の電気知識］（37.11.20）
　　家庭電化の時代で，その器具はどんどんふえているのに，電気の屋内配線は昔のままという家庭が多い。一つの電灯ソケットに二またソケットを差し込み，たくさんの電気を使っていたのでは，事故が起きてあたり前。「規定」を越えた無理な使い方を繰り返していると，ソケットは熱くなり，やがて火をふく。タコ足配線，コード配線は非常に危険です。
　　全国の火災発生原因のうち，電気によるものは全体の一割以上になり，うち屋内配線の設備不完全が二一％，無断配線工事が二五％で約半分。一室に一個のコンセント…をつけることが先決です。…電気の配線は日曜大工とは違います。電力会社に相談するか，電気工事店に頼むこと。

・テレビから白煙が出て火災となったケースがあったし，ラジオをはじめ，家電製品が作動しなくなったときはよく本体をたたいたものだった（34.12.31）。

・福山家では早い時期にクーラーを購入しているが，当時10万円近いクーラーを買えるとはかなりのお金持ち。また，室外機が吹き出す熱風で周囲が迷惑をこうむる話がある（39.7.2）。

f ＜家庭電化製品＞

電気掃除機(31,32,34)
ラジオ(31,32,34)
電気カミソリ(32,38)
白黒テレビ(32,33)
電気扇風機(31,32)
トースター(33)
テープレコーダー(34,35,36)
電気冷蔵庫(36)　電気毛布(37)
電気アイロン(38)
部品がなく修理不能(38)
クーラー(39)　電気アンカ(39)

f ＜しつけ・お手伝い・おつかい＞

・フクちゃんはおじいさんからいろいろなおつかいを依頼されている。たとえば，郵便を出しに行く（33.4.2），買い物に行く（33.3.31，35.1.25，38.10.20）など。

・郵便受けを見に行く（32.3.19），肩たたき（32.9.4，34.10.31）や薪割りの補助（32.10.31），留守番（39.12.7）をはじめ，荷車運搬の手伝いをしたり（31.8.21，33.5.14），さらには坂道で知らない人を押し上げたり（36.6.26），道案内やら誘導をする（32.11.19，33.3.11，34.11.7）シーンがある。その他にも，道路に水をまくお手伝いをしている（31.7.29）。

・これらお手伝いやおつかいに対しては，おだちん（33.1.19）やごほうび（33.4.27）が出ることもあったが，ボランティアのように自発的に行うところに意義があった。なお，おつかい犬の話は番外編というところか（39.3.9，39.12.28）。

・数日間の連続テーマとなった小さな親切運動は，38年のキーワードとなった（38.6.17-20）。

・「しつけ」については実に具体的に取りあげられている。厳しいしつけと見られることもあるが（39.4.16），家庭内の基本的社会化がゆらぎだしたとはいえ，まだ機能していた時代といえるかもしれない。

f ＜しつけ・お手伝い・おつかい＞

履き物をそろえる（31,33）	子どもに親は期待する（31）
なき寝入りをしてはいけない（31）	つばを吐くのは下品（31）
本を見ながら食事をしてはいけない（31）	
呼んだら早く来る・時差食事はいけない（31,36）	
早く寝る（31）	あれもこれもはだめ（31）
病人のマネをしてはいけない（32）	よその人をじろじろ見ない（32）
川へ行ってはいけない（32）	
「自転車や自動車が来る」とうるさく言う（32）	
たき火をするときは大人と一緒に（32,33,35）	
ふすまの閉め方（33）	聞きかじりはいけない（33）
遅く帰った子は家に入れない（33）	早く帰らないと叱られる（33）
ごはんに帰らない子は家に入れない（33）	
下品なことばづかいはいけない（33,35,38）	
自分の家のことをやたらしゃべらない（33）	
ものは大切に使えば何年でももつ（33）	
好き嫌いはいけない（33,39）	犬食いをしない（33）
食べる前の手洗い（34）	
罰として押入にいれる（34）	うそをつかない（34）
あわてると損をする（35）	他人の悪口を言わない（35）
他人を疑ってはいけない（36）	知らない人を家に入れない（36）
次の人のことを考える（36）	鼻をならさない（37）
やかんに口をつけて飲まない（37）	
自分勝手・落ち着きなし・弱虫は最低（38）	
悪く勘ぐってはいけない（38）	厳しいしつけ（39）
おつかい（32,33,34,38）	荷車押し（32,33）
おだちん・ごほうび（33）	道案内（32,33）
薪割り補助（32）	肩たたき（32,34）
ゴミ箱の水洗い（35）	人押し（36）
ゴミ拾い（37）	小さな親切運動（38）
留守番（39）	おつかい犬（39）

f ＜冠婚葬祭・年中行事・イベント＞
・作者の弁にもあるように，お正月から大晦日まで一年間の歳時記が網羅されている。羽根つき，門松，節分，桃の節句，端午の節句，お月見，七五三，クリスマス，お餅つきのシーンは何回も登場する。ただ，端午の節句に比べて桃の節句がやや少ないのは福山家が男性家族のためか。また，この家のイベントとして多いのは潮干狩りで，毎年のように行っている（34年〜39年）。そのなかには，ツイストの要領で貝拾いをするシーンがある（37.4.3）。
・家族一緒に行事や娯楽を共有することができた時代といえよう。

f ＜その他の家庭生活＞
・小動物（ペット）にまつわるテーマも多い。ニワトリ（33.4.12），金魚（31.4.20，35.6.12，36.5.18），伝書バト（35.9.25）が登場する。小鳥のお墓を作る話もある（36.3.17）。
・悪書追放のテーマが38年に集中している（38.10.5，38.11.5，38.12.3）。悪書とは別名不良雑誌ともいわれ，これは同時代のテレビ番組へも連動して不良番組追放へと展開した。
・このジャンルにも世相を反映したものが多く，男性の整髪料もその一つ。フクちゃんが荒熊さんから使用後のビンをもらうシーンがある（33.2.1）。時代は少し下るが，次のような新聞記事がある。

［男性をねらう化粧品］（39.5.17）
　36年になって，…こんどは整髪剤にヘアクリームが登場してポマード，チック一辺倒だった業界をあわてさせたようです。スポーティーな短い髪の流行にマッチした化粧品だっただけに，売れ行きは順調に伸び，慎太郎刈りの流行でポマードが思うように伸びなかった業界も，これに力を得てヘアクリームに主力を注ぎました。第三のブームといわれる非油性整髪剤は，基本的にこの短い髪用のヘアクリームの潮流にあるものといえます。

・伊勢湾台風の影響を受けて，34年9月末から10月上旬にかけて台風関連のシーンが多く登場する。また，39年8月には水不足に関連したテーマが連続するが，これは実際の「東京砂漠」を反映したものである（39.8.4，8.8，8.12，8.25）。

f ＜冠婚葬祭・年中行事・イベント＞

年始回り (31,38)	獅子舞 (31)	福笑い (31)
松飾り・門松 (33,35,37,38)	羽根つき・羽子板 (31,33,34,36,37)	
独楽回し (31,33)	カルタ (32,33,38)	タコあげ (32,33,34,35)
猿回し・獅子舞 (33,35,38)	書き初め (33)	初夢・宝船 (36,37,38)
お年玉 (38)	年賀状 (39)	豆まき (31,33,35,37,38)
ひな祭り (37,38)	梅見 (35)	ツクシとり (37)
お花見・桜吹雪 (35)	エープリルフール (36)	花祭り (36)
模様替え (37)	七夕 (36)	夕涼み (33)
子どもみこし (35)	お月見 (36)	彼岸・お墓参り (36)
松茸狩り (36)	菊人形 (37)	七五三 (36,37,38)
社会鍋 (34)	お歳暮 (38)	
クリスマス・サンタクロース・ツリー・ケーキ (34,35,36)		
十大ニュース (38)	お餅つき (34,35,37,38,39)	年賀状書き (35)
すす払い (35)	潮干狩り (34,35,36,37,38,39)	海水浴 (34,36)
ハイキング (35)	展覧会 (35)	動物園 (34,38)
遊園地 (36)		

f ＜その他の家庭生活＞

おねしょ (31,33)	寝相が悪い (36)	夜更かし (37)
鉛筆けずり (32)	整髪料 (33)	ニワトリ小屋 (33)
台風対策・お見舞い (34)	節約 (34,35)	乳母車 (34)
金魚 (35,36)	伝書バト (35)	火の用心 (35)
消化器 (35)	お払い (35)	門の方向 (35)
飛び出しナイフ (35)	黄色の雨具 (35)	神棚に祈る (35)
カレンダー (35)	小鳥のお墓 (36)	てるてる坊主 (36,39)
ひまわり (36)	ワンタッチ傘・折りたたみ傘 (36,37)	
ヘチマ栽培 (36)	ボーナス (36)	新聞配達少年 (36,38)
にせ札 (37)	アベック (37)	芝張り (37)
土は生活に大切 (37)	日曜大工・大工道具 (37,38)	
補聴器 (37)	大量の折り込み広告 (37)	
しゃっくりを止める (38)	悪書追放 (38)	借金 (38)
もぐら (39)	水不足・東京砂漠 (39)	水道管破裂 (39)
三日坊主 (39)	ゲタをけり上げて天気予報 (39)	

f ＜コミュニケーション・おつきあい＞
・町内にはさまざまな商売があった。カサ直し，貸本，銭湯，おもちゃ屋，自動車修理，床屋，質屋，古道具骨董屋，紙芝居や，金魚売り，焼き芋や，マッサージ…。子どもたちは身近にこれらを眺めながら生活したので，大人の職場や労働を具体的に知ることができた。良くも悪くもお手本が目の前にあったし，物事の優先順序や我慢，人間関係の実相を生活のなかで学習することができた。銭湯一つとってみても，熱湯好きもいれば温ゆ好きもいるし（31.2.10），ふざけたり騒いだりすれば注意もされた（33.1.9，35.7.22）。生活とは集団のなかで行動することで，生活とおつきあいは不可分であった。
・ビフテキやコロッケの絵が出てくる紙芝居を見た子どもたちがよだれを垂らすシーンがあるが（31.4.29），当時ならではの光景といえるだろう。また，電話を使ってご用聞きをする八百屋さんと魚屋さんが登場するのも同時代的といえるだろう（37.3.29）。
・作品にはほかに，次のような人物が描かれている。
いじめっ子（32.9.9，33.11.27），こわいおばさん（33.8.24），うるさい隣人（34.9.15），こわいおやじさん（37.4.16），ませた子（39.1.13），おこじきさん（35.9.29，39.10.13），カメラ狂とゴルフ狂（36.1.25），土管の住人（32.10.19），フルーツ泥棒（36.9.3，38.10.28），靴みがき（37.5.15），押し売り（37.6.5，37.12.22），集団就職の若者（38.3.30），空き巣（38.1.20），すぐ帰宅する小学一年生（38.4.6）など。
・町内の行事も人間関係の形成や維持に影響力があった。町内の人々の交流が，直接的で積極的なものとしてあった。『フクちゃん』には次のような行事やイベントが登場する。
　　ガマン大会（39.2.5），防犯夜回り（34.3.27，37.3.1），運動会（36.9.27），幻灯会（32.9.9，32.11.7），福引き（35.12.11，38.12.26，39.12.6），忘年会（35.12.13，38.12.4），歳末助け合い（34.12.12，34.12.28）。
・その他，「よその家の鍵のありかを知っている」（32.6.12），「周囲の迷惑にならないように，ラジオの音量を小さくする」（32.9.30），「子どもが川に落ちる」（32.10.2），「道ばたの水道で水を飲む」（35.9.27），「不動産物件，いくら歩いても駅まで10分」（36.3.30），「いじめっ子も社長の息子

には遠慮する」(32.9.15),「父親似のことをする子ども」(37.6.17),「マンション，コーポラス，レジデンス，アビタシオン」(38.12.14)…いずれも同時代に適合的なリアリティあふれるエピソードといえよう。

　f ＜子どものあそび＞
・木登りや昆虫採集のように自然を相手としたものから，相撲や野球のようなスポーツ，遊具を用いるあそび，塀に落書きしたり落とし穴を作ったりといういたずらまで，実に多種多様なあそびの姿が描写されている。子どもたちは疲れきるまであそび，これらを通して身体を鍛え，人間関係や役割取得を学習した。
・「ごっこあそび」はその最たるものだろう。複数の役割を交換しながら演ずるごっこあそびは，社会化の基礎として重要な機能を果たしていた。また，「○○するものこの指止まれ！」やジャンケンポンは集団行動の基本的ルールであった。フクちゃんたちは次のようなごっこあそびをしている。

　　　　　　　f ＜コミュニケーション・おつきあい＞

銭湯(31,33,35,36,38)	紙芝居や(31)	福引き(31,35,38,39)
塀に落書き・落書き消し・塀をまたぐ(32,33,34,36)		
野良犬(32,33)	他家の鍵のありかを知っている(32)	
土管で生活する人(32)	こわいおばさん(33)	
町内忘年会・余興(32,35)	幻灯会・ガマン大会(32,33)	
子どもが川に落ちる(32)	いじめっ子対策(32,34,35,37,38)	
ラジオの音量(32)	街頭テレビをみる(33)	
町内防犯・空き巣・夜回り(34,35,37,38)		カミナリ族(34)
喧嘩の仲裁(33,34,35)	つげ口(34,39)	
たき火を囲んで(34,35,38)	塀の上にガラスの破片をたてる(34)	
プロパンの爆発(34)	歳末助け合い(34)	
隣家の夫婦喧嘩(35)	道ばたの水道で水を飲む(35)	
おこじきさん(35,39)	不動産物件の表示(36)	フルーツ泥棒(36,38)
迷子札(36)	運動会(36,37)	電話でご用聞き(37)
靴磨き(37)	くわえタバコ・投げ捨て(37,38)	
お地蔵様(37)	押し売り(37)	こわいおやじさん(37)
集団就職の若者(38)	すぐ帰宅する一年生(38)	ゴミの持ち帰り(38)
暴力追放運動(38)	公衆電話の長い行列(38)	ませた子(39)

おままごと（32.4.18, 34.3.21），お医者さんごっこ（32.6.4），チャンバラごっこ（32.12.21），聖火ごっこ（33.5.19），汽車電車ごっこ（31.3.12, 36.1.28），鬼ごっこ，かくれんぼ（31.2.25, 32.5.17, 34.2.22, 34.4.18, 39.4.2），警察ごっこ（32.2.27），観光ごっこ（32.3.21），おどかしごっこ（34.2.16），電話ごっこ（34.4.19），宇宙船ロボットごっこ（35.5.11），病院ごっこ（35.5.25），運送屋さんごっこ（35.5.28），出前ごっこ（35.8.2），消防ごっこ（35.12.16），モノレールごっこ（36.12.25）など。

・「ごっこあそび」の番外編として「無責任ごっこ」（37.8.24）をあげることができる。これは植木等のスーダラ節と相まって当時流行した東宝映画「ニッポン無責任時代」を反映したもので，この流行の背景を新聞は次のように解説する。

　　［"無責任時代"ヒットの背景］（37.8.24）
　　道徳心はクソくらえ　　誠実サラリーマンの逆をつく　　植木等の持ち味も作用

・野球と相撲をテーマとしたシーンがとても多い。野球については，キャッチボール，フライの捕球，草野球，ホームラン，ピッチャー，ナイター，アウト，審判の動作などに題材をとっている。また相撲については，呼び出し，取り直し，引退，土俵入り，千秋楽，テレビ観戦，物言い，サイン，水入り，待った，不戦勝，無口の相撲取り，弓取り式，部屋別総当たりなどのシーンがある。当時のスポーツといえば，野球と相撲だったのである。
・つりネタ（31, 32, 34, 35, 37, 38, 39）のほか，おもちゃ（危険なオモチャ）のネタもある（39.2.23）。また，フラフープ（33）や切手コレクション（33, 39），ワッペンブーム（39）のように時代限定のテーマもある。そのなかから，ワッペンブームについての新聞記事を紹介しよう。

　　［ワッペン・ブームと親のあり方］（39.4.29）
　　小学生たちの間でワッペンはたいへんなブームだが…
　　流行にのらない子に　　家庭でのしつけが大切

f ＜子どものあそび＞

おままごと（31,32,34,38）	相撲ネタ・野球ネタ・つりネタ	ごっこあそび
手品（31）	雪だるま（32）	ホッピング（32）
ピンポン（32,33）	竹馬（32）	縁台将棋（32,33,39）
パチンコ（32）	フラフープ（33）	磁石でくぎ拾い（33）
花火（33,34）	箱庭作り（33,34,36）	水泳（33,36）
水風船（33）	なわとび（33）	知恵の輪（33）
弓矢（33）	探検（33）	この指止まれ（33）
切手（33）	ボーリングもどき（33,37）	星座観測（33）
昆虫標本（33）	ジャンケンポン（34,39）	ピストル・ガン（34,38）
木登り（34）	手作りブランコ（34）	ドロンコあそび（34,36）
積み木（34）	疲れ切るまであそぶ（34）	日時計・砂時計（34）
まわり灯ろう（34）	工作（34）	落とし穴作り（34,37,38）
にらめっこ（35）	おどかす・びっくり箱（35,36）	砂場（35）
プラモデル（36,38,39）	空手（36）	ハーモニカ（36）
土管あそび（36）	ガラスを擦りあわす（36）	リンボーダンス（37）
子どもの指輪（37）	チンパンジーのマネ（37）	木琴（37）
ヨーヨー・けん玉（38）	フラバア粘土（38）	しりとり（38）
ワッペン（39）	ザリガニ捕り（39）	いたずら（39）

f ＜交通・運輸＞

・このジャンルでは，道路事情の悪さと自動車事故の多さが目立っている。道路の砂ぼこりがひどく，散水車の水まきが不可欠であった。オリンピック目当ての道路工事と建設は進んだが，変貌の著しい東京が，「住んでいてもわからない，今の東京」として描写されている（39.9.8）。

　［オリンピック建設譜　②］（38.3.22夕刊）
　日本橋も昔語りに　道路造りは間に合いそう　オリンピック道路は，はじめの計画では23路線70km。ところが諸物価値上がりで，総工費は約5割増しの750億円。結局，計画はシリつぼみになり，10キロほど削って，一部はオリンピックのあとまわし。

・40年代の耐久消費財３Ｃのひとつはカーであるが，その先駆けが30年代に登場した軽自動車にほかならない。なお，『フクちゃん』では「今流行のコンパクトカー」（35.10.28）として描写されている。

［売れる軽四輪車］(35.8.16夕刊)
　小さい割に力持ち　　生産急増・さらに値下げも
　軽四輪車の人気が集まるにつれて，新しい需要層が広げられた。医者の往診用，小売商の営業用から婦人の服装デザイナーの連絡用，お坊さんの檀家回りにまで利用されている。…増産体制が確立するにつれて，大幅値下げ（20万円台）が期待できる…

［ホーム・カーへのご招待］(36.10.8)
　持つなら大衆車　　安くて力持ち，ムードがいっぱい
　"高根の花"は昔　　6500円月賦も　　年収50万円あればOK

［消費ニッポン（11）貧乏人のマイカー］(39.6.29夕刊)
　家・土地をあきらめて"一点豪華"でほのかな満足
　四畳半の間借り暮らしの中にマイカーがお目見えする。
　マイホームの代用品としてのマイカー。

f ＜交通・運輸＞

道路事情の悪さ（31,32,34,35）	自動車事故・三重衝突・トラック事故（32,35,36,37）	
道路工事・整備（32,39）	道路に急に飛び出す（33）	
個人タクシー（34）	風船でアルコール度測定（35）	散水車（35）
コンパクトカー（35,36）	ダンプカー（36）	自転車の手放し運転（36）
電車の押しや（36,37）	交通マヒ・渋滞（36）	居眠り運転（36）
騒音（38）	緑のおばさん（38）	ジャリトラ（38）
安全ベルト（38）	給水車（39）	変貌著しい東京（39）

　f ＜放送・メディア・流行語＞
・ラジオ番組から現在の時刻を知るおじいさんやラジオの編み物講座を聴く女性が描かれているが（32.3.11, 33.2.28, 34.11.19），この頃はラジオの影響力が強かったことの証である。それが36年頃からラジオネタは登場しなくなり，代わってテレビ番組がたびたび登場するようになる。そして，なによりテレビの影響で人は夜更かしをするようになった（37.10.8）。次は『フクちゃん』に登場するテレビ番組などの一例である。

相撲中継（36.1.19, 36.1.22），子役タレント（36.4.16），テレビ体操（37.8.29），ジェスチャー（37.8.30），ベンケーシー（37.9.8），王将（37.11.18），子ども歌合戦（38.12.19）…
・なかでも，39年にはたくさんのテレビネタが登場する。
「こんにちは赤ちゃん」（39.1.25）「名犬ラッシー」（39.3.6）「アトム」（39.3.18）「ビートルズ」（39.5.24）「みゆき族」（39.9.13-14）「東京オリンピック」（39.10）「紅白の出場歌手」（39.11.30）…これらに関連する新聞記事を紹介しよう。

　　　［茶の間の流行歌］（38.12.19）
　要求された健康的でだれでも歌えるもの
　本年度のレコード大賞に，永六輔作詞，中村八大の作・編曲，梓みちよが歌った「こんにちは赤ちゃん」が選ばれました。…たしかに「こんにちは赤ちゃん」は，パチンコ屋や飲み屋の歌でなく，家庭の歌です。詩も曲も，お茶の間を対象に作られた新しい歌謡曲だといえましょう。

　　　［"赤ちゃん歌手"も感激］（39.3.28）
　自分のヒット曲"こんにちは赤ちゃん"を編曲した行進曲で堂堂入場する（選抜高校野球の代表-註　西脇）選手を感激のヒトミで見入る梓みちよさん（写真）

　　　［テレビの人気者アニメーション漫画］（39.3.1）
　小学生の胸につけられた「鉄腕アトム」のワッペン。手さげカバンにはられた「エイトマン」のシール。そして口をあわせて「狼少年ケン」の合唱―。
　子供の夢を満たす　　海外でも好評の「アトム」

　　　［『鉄腕アトム』人気の秘密］（39.4.5）
　家族で楽しめる"夢"　　自分の意思による行動が魅力　　テレビ化がブーム招く
　爆発的な今日のブームが訪れたのは，やはり昨年1月，テレビ化されてから。

［中村乃武夫さんのみた"みゆき族"服飾論］（39.10.2）
　　新鮮なショック！　　若い人が創ったモード
　　ロングスカートにふうてんバッグの「みゆき族」
　　命名は"マスコミ"　　フケツさ感じない

・ところが，これだけテレビの波及効果が大きくなると，必然的にマイナス面も顕在化してくる。次の記事はその一例である。

　　［俗悪テレビ番組もうご免］（38.11.5）
　　茶の間のテレビから子供らに悪い影響をあたえる俗悪番組を追放しようという運動が，東京足立の千住母の会…のお母さんたちの間で進められている。悪書追放運動が盛り上がっているときだけに，全国でもはじめてのこの運動は大きな反響を呼びそうだ。
　　お母さんたちが一番心配しているのは，人間をムシケラのようにバタバタ殺していく西部劇，子供たちに説明しにくい愛欲シーン。さらに少年向き番組でありながら低俗な流行語をつかったり，極端に乱暴なことばを使っている番組も多く研究会の対象になりそうだ。

f ＜放送・メディア・流行語＞

プレスリー（32）	ラジオ番組から時刻を知る（33）	ロカビリー（33）
相撲中継・大鵬（34,35,36）	ラジオ講座（34）	子役タレント（36）
テレビ体操（37）	ジェスチャー（37）	王将の歌詞（37）
ベンケーシーのせりふ（37）	へそだしスタイル（37）	無責任（37）
催眠術（37,38）	テレビの点け放し（38）	子ども歌合戦（38）
名犬ラッシー（39）	こんにちは赤ちゃん（39）	アトム（39）
東京オリンピック観戦・山下とび・ウルトラC・祭りの後（39）		
ビートルズの長髪（39）	紅白出場歌手（39）	みゆき族（39）

　　毎日新聞に連載されたマンガ『フクちゃん』をジャンル分けし，その生活世界を追体験した。フクちゃんの周囲には常に人が集まり，改めて人間は，人間関係のなかでしか生きられないことがわかる。家族はもちろん，あそび仲間も，近隣も，町の人々も，みな社会的存在としてあるのである。この自明の公理を再確認したい。社会化を欠いた脱社会的人間はいずれ人間ではなくなるのだから。

4 昭和30年代の意味

『三丁目の夕日』と『フクちゃん』という二つの生活マンガを素材として，社会と人間をリアリティに富む姿で再現した。社会と人間のつながりがそれほど矛盾なく結節していた時代といえよう。生活空間が狭かったこともあるだろう，その分人間関係も濃密であった。理想とする近代がやがて分裂することなど誰が予想しただろうか。

「現代社会が抱える影の深さ」と題する朝日新聞の評論がある（2005.2.12be版）。

> 戦後の日本が自立と自尊を取り戻す唯一の道が経済成長だった。だがいまなお豊かさに代わる目標を見いだせないまま，成長を担った世代の退場が始まる。輝いた時代への希求の強さは，現代の抱える影の深さ，答えの出ない閉塞感の裏返しだ。

ここに，ノスタルジーを越えて30年代を再考する意味がある。ポストモダンといわれて久しいが，「近代」という概念自体の再検討・再確認を忘れてはならない。

「思いはせれば宝の山」と題する朝日新聞の社説は，次のように述べている（2005.1.3）。

> 豊かさを目指してきたが，どこかで道を間違えはしなかったか。エコロジーとか，シンプルライフとか横文字で言うまでもない。先輩たちの暮らしはそれを先取りしていたのではなかったか。…貧しくも豊かな過去には，宝物が詰まっている。

近代の意味を再考する絶好の機会に今われわれは居あわせている。その生活文化の出発点を客観的に把握するためには，半世紀近くの時間が必要であった。昭和30年代は，われわれにとって，オンリー・イエスタディ（ほんの昨日のこと）以上に刺戟的価値を多数もっているのである。

＊本稿中の用語は，社会状況を知る手段として，当時の表現をそのまま踏襲した。

団地族の子ども　昭和35年春

壁かけ式電話　昭和35年ごろ

〈参考資料〉

横山隆一『フクちゃん』1～16，奇想天外社，1972～1973

新宿区役所総務部総務課『写真が語る新宿 今と昔』1987.3

薗部澄『薗部澄 作品展 1945－1970』JCIIフォトサロン，LIBRARY2，1991.5，『東京オリンピックの時代 作品展』JCIIフォトサロン，LIBRARY10，1992.2

田沼武能『作品展 戦後の子供たち』JCIIフォトサロン，LIBRARY47，1995.2

町田忍監修『近くて懐かしい昭和あのころ－貧しくても豊かだった昭和30年代グラフィティー』東映，1999.4，『日録20世紀 我らのテレビ時代』講談社，1999.8

コロナ・ブックス編集部『貧乏だけど幸せ われら日本人 昭和25～35年の実写記録』平凡社，1999.8

師勝町歴史民俗資料館『昭和日常博物館の試み』2000.7

薗部澄・神崎宣武『失われた日本の風景［都市懐旧］』2000.9，『失われた日本の風景［故郷回想］』河出書房新社，2000.10

世田谷区立郷土資料館『特別展 記憶の中の風景－写真で見る世田谷の昭和30年代と今』2000.10

鮫島純子『あのころ，今，これから』小学館，2000.11

小泉和子『昭和のくらし博物館』河出書房新社，2000.11

中林啓治・岩井宏實『ちょっと昔の道具たち』河出書房新社，2001.1，『昭和を生きた道具たち』河出書房新社，2005.4

斎藤利江『足尾線の詩 思い出のSLと子供たち』あかぎ出版，2001.3，『あの日，あの時，あの笑顔』清流出版，2001.11

町田忍『ぶらり散歩懐かしの昭和』扶桑社，2001.4，『懐かしの昭和30年代』扶桑社，2002.12

青木俊也『再現・昭和30年代 団地2DKの暮らし』河出書房新社，2001.5

串間努『図解 昭和レトロ商品博物館』河出書房新社，2001.7

奥成達・ながたはるみ『昭和こども図鑑』ポプラ社，2001.8

正井泰夫『昭和30年代 懐かしの東京』平凡社，2001.9

市橋芳則『昭和路地裏大博覧会』河出書房新社，2001.8，『キャラメルの値段 昭和30年代・10円で買えたもの』河出書房新社，2002.9，『昭和夏休み大全〔ぼくらの思い出アルバム〕』河出書房新社，2004.7

藤井淑禎『御三家歌謡映画の黄金時代　橋・舟木・西郷の「青春」と「あの頃」の日本』平凡社新書，2001.11

横山隆一『百馬鹿　傑作選プラス　フクちゃん』実業之日本社，2002.4

群馬県立歴史博物館『こころのアルバム－昭和30年代の子どもたち－』2003.7

泉麻人監修『東京風景　1956－1961』『東京風景　1962－1964』NHKソフトウェア，2003

泉麻人『泉麻人の昭和ニュース劇場』①　②，日本映画新社，2004

島田洋七『佐賀のがばいばあちゃん』徳間文庫，2004.2，『笑顔で生きんしゃい！』徳間文庫，2005.1

富岡畦草『東京は変わった　定点撮影50年』岩波フォト絵本，2004.4

清水美知子『＜女中＞イメージの家庭文化史』世界思想社，2004.6

佐野眞一『宮本常一の写真に読む失われた昭和』平凡社，2004.6

山辺正二郎編『昭和30年代を歩く』三推社・講談社，2004.7

江東区教育委員会『江東古写真館～思い出のあの頃へ～』2004.10

R.クラーク『みんなのためのルールブック』亀井よし子訳，草思社，2004.10

西岸良平『特選　三丁目の夕日　12か月』1月～12月，小学館，2004.12

瀬戸川宗太『懐かしのアメリカTV映画史』集英社新書，2005.1

辻信太郎『今も昔も大切な100のことば』サンリオ，2005.2

朝日新聞土曜版「サザエさんをさがして」『だんらん』2004.4～

朝日新聞「三種の神器・太陽の季節」『声』2005.2.23

持田晃『東京　いつか見た街角』河出書房新社，2005.3，「消えた『昭和』－日本人が失くした暮しと心－」『文芸春秋』2005.4

(生活文化学科第二部助教授・近代文化研究所所員研究員)